CHARLES-QUINT

MUSICIEN,

PAR

Edmond Vander Straeten.

AVEC UNE PHOTOTYPIE ET TROIS PLANCHES DE MUSIQUE.

GAND.
LIBRAIRIE DE JULES VUYLSTEKE,
15, rue des Vaches.

1894.

CHARLES-QUINT

MUSICIEN.

ANVERS. — IMPRIMERIE DE V^e DE BACKER, RUE ZIRK, 35.

CHARLES-QUINT

MUSICIEN,

PAR

Edmond Vander Straeten.

AVEC UNE PHOTOTYPIE ET TROIS PLANCHES DE MUSIQUE.

GAND.
LIBRAIRIE DE JULES VUYLSTEKE,
15, rue des Vaches.

1894.

Tiré à cent exemplaires.

A MON AMI

CARL KREBS,

Hommage confraternel.

L'AUTEUR.

VOLTAIRE MUSICIEN *était une gageure.* CHARLES-QUINT MUSICIEN *est une promesse réalisée.*

Selon mon intention formelle, l'opuscule devait être écrit au courant de la plume, pour me distraire d'autres travaux.

Entraîné par le sujet, je me complus insensiblement à le transformer en une sorte de thèse probante.

Le délivrer de ce poids encombrant n'était point chose facile : le lecteur le sentira bien.

Tel qu'il s'offre néanmoins, il aura, je pense, le don de l'imprévu sinon de l'originalité.

Les documents élagués pourront être utilisés ailleurs.

J'ai divisé mon œuvrette en douze paragraphes, intitulés comme suit :

1. Transmission héréditaire. — 2. Premières leçons. — 3. Une vénérable figure. — 4. Orgues et épinettes. — 5. Chansons et psalmodies. — 6. Au concert et au bal. — 7. Ménestrels de palais. — 8. Bandes instrumentales. — 9. Trois chapelles souveraines. — 10. Dissonance. — 11. En retraite. — 12. Chant du cygne.

En simplifiant cette ordonnance, on pourrait la ramener à cette trilogie : CHARLES-QUINT VIRTUOSE, COMPOSITEUR ET PROTECTEUR ÉCLAIRÉ DE L'ART MUSICAL.

Pour les principaux delayements d'archives, il suffira de renvoyer aux huit volumes de LA MUSIQUE AUX PAYS-BAS.

Audenarde, janvier 1894.

CHARLES-QUINT

MUSICIEN.

I.

TRANSMISSION HÉRÉDITAIRE.

Cette transmission est incontestable. La nature a parfois son caprice de substitution. Des siècles s'écoulent avant que les traits physionomiques reparaissent. Ici, l'hérédité est presque immédiate.

Philippe le Bon, précédé en cela par Philippe le Hardi, voulut n'être point dépassé en somptuosités musicales par aucun prince de la chrétienté. Il s'attacha les artistes les plus renommés, de façon à mériter cet éloge d'un écrivain contemporain : « Sa chapelle est une des meilleures et des plus accordées que l'on sceut nulle part. »

Il confia à l'élite des miniaturistes la tâche d'enluminer et de calligraphier les œuvres musicales préférées, celles surtout qui devaient servir aux messes perpétuelles à chant et à déchant qu'il avait fondées, pour relever encore son institution de la Toison d'or.

Philippe, au surplus, était « un beau danseur, » et, comme l'art chorégraphique était soumis rigoureusement à des lois rhythmiques et musicales, on peut en conclure que ces lois ne lui auront point été inconnues.

Son successeur, Charles le Téméraire, les savait *ad unguem*, et il aimait la musique, non seulement comme un luxe de prince, mais pour le charme extrême qu'il éprouvait à entendre les virtuoses à son service.

Sa chapelle particulière fut l'objet de ses soins les plus assidus. Chaque jour on y chantait des hymnes choisies parmi les plus belles qui existassent, et accompagnées aux sons d'un orchestre de marque.

Son talent musical a été célébré par divers historiens, Olivier de la Marche notamment, qui va jusqu'à dire que le prince de Bourgogne avait l'art inné et qu'il en apprit les règles avec une réelle perfection.

Un fait authentique le prouve. En 1460, étant à Cambrai, il composa un motet qui fut chanté séance tenante, dans la cathédrale de cette ville, par le maître de musique et les enfants de chœur. Cela est consigné dans les archives locales.

Morton lui enseigna, du reste, les premiers principes musicaux et Busnois l'initia aux mystères du contrepoint. Il chantait, au surplus, d'une façon exquise, doué qu'il était d'une voix claire et bien timbrée.

Quant aux instruments, il préférait la harpe, et, dès l'âge le plus tendre, il en pinçait avec ravissement, en se servant, comme de juste, d'une simple harpette sortie des meilleures fabriques des Pays-Bas.

Si sa fille, Marie de Bourgogne, n'hérita pas d'un goût passionné pour la musique, elle cultiva, du moins, l'art sympathiquement, en ses heures perdues. Ses aptitudes de mélomane se dessinent dans les exercices de clavicorde auxquels elle se livrait, en vue de se soustraire à des souvenirs obsédents.

Dans son enfance, elle reçut des leçons d'un maître distingué, Pierre Beurse, habile à la fois sur le clavicorde, la viole, la flûte et le luth.

Son union romanesque à Maximilien, prince, poëte et artiste, fut des plus heureuses, et les goûts des nobles époux se confondaient.

Quand l'archiduc était valide, il se faisait donner un concert à chaque repas. Souffrant, il y recourait comme à une panacée.

Lorsqu'il séjourna à Utrecht, à la suite d'une rude guerre contre les Français, son palais ne désemplissait point de virtuoses : chantres, flûtistes, organistes, harpistes, cornemuseux, sans compter le renfort des bouffons mélomanes.

On lui attribue, erronément sans doute, la fondation en Allemagne de la première école de musique néerlandaise. Toujours est-il qu'il continua à propager, au delà du Rhin, les excellentes traditions qu'il y trouva implantées.

Comme assimilation généalogique, Marguerite d'Autriche ne saurait être omise.

Elle jouait du luth, et, selon toute apparence, de l'épinette. Son amour pour les arts était des plus vifs, et son élégante résidence à Malines était le rendez-vous habituel des virtuoses. On montre encore le joli pavillon de sa demeure princière où elle entendait, massés dans une cour spacieuse, les ménestrels de tout genre, et la salle splendide où elle recevait, à ses repas, les concertistes les plus habiles.

Ces nobles distractions ne lui suffirent point. Elle tint à « rimer et à musiquer, » et, pour cette double récréation, ses aptitudes étaient nombreuses.

Une de ses chansons notées offre, entr'autres, une complainte touchante, presque lugubre, où l'illustre princesse déclare, en termes incisifs, son désir extrême de se voir délivrée du poids d'une existence tourmentée.

Cette anxiété incurable fut son génie.

Plusieurs maîtres l'aidèrent dans l'adaptation des thèmes musicaux à ses poésies, et le fameux De Nève, dit *Nepotis*, l'initia surtout au mécanisme des accompagnements instrumentaux. C'était son notateur préféré, celui, en somme, qui lui rendit « des bons et agréables services journellement et de diverses manières. »

Grand amateur de musique, Philippe le Beau avait à son service, tant pour sa chapelle que pour sa phalange des ménestrels, les premiers artistes qui existassent. En vrai mécène, il leur prodiguait les encouragements les plus éclairés.

C'est lui qui institua *la Fleur de Baume*, à Gand, et qui consentit à y admettre les « quinze Joies de la Vierge, » à savoir autant de jeunes filles des plus belles et des plus rangées. *La Fleur de Baume* était une association littéraire masculine. Or, c'est la première mixture dont les annales théâtrales fassent mention. Les rôles féminins, partout ailleurs, étaient interprétés par des hommes.

Il attacha également son nom à la revision des ordonnances de la chapelle ducale promulguées par ses prédécesseurs, et, depuis, scrupuleusement observées par son fils.

Quant à Jeanne de Castille, sa femme, elle était extrêmement sensible aux accents d'une belle musique, et, dans ses heures de sombre désespoir, elle trouvait un adoucissement particulier à ses peines, en écoutant de tendres mélodies.

Une voix suave, un mélodieux instrument, l'orgue par dessus tout, suffisaient à calmer instantanément ses peines. Sa préférence marquée pour les virtuoses flamands est consignée dans l'histoire.

Doit-on tenir compte ici de l'alliance anglaise de deux ducs de

Bourgogne, alliance qui a dû influer sur les talents musicaux de la reine Élisabeth, habile clavicordiste, et du roi Henri VIII, compositeur d'un vrai mérite?

Tels étaient, en tout cas, les ancêtres de Charles dans le domaine de la musique. Noblesse oblige. Charles se le tint pour dit.

II.

PREMIÈRES LEÇONS.

Quand naquit Charles, toutes les cloches de la populeuse cité de Gand furent mises en branle. Les fanfares de la commune et des gildes mêlèrent leur voix au vacarme.

Le gros bourdon du beffroi dominait le tout; on connait l'inscription qu'il porta : « Quand je sonne à toute volée : triomphe. Lorsque je tinte : orage. »

Terrible prophétie!

En 1539, Roland s'agita, et son vacarme tonitruant fut étouffé. Que dis-je? L'énorme instrument d'airain vola en pièces sous l'action du marteau. Le commencement de la fin !..

Gand fut donc en quelque sorte l'alpha et l'oméga de la carrière d'un grand monarque. Son étoile y luit et s'y assombrit.

Charles — soit dit en passant — fut le parrain de la grande cloche de la cathédrale d'Anvers, fondue en 1506. Elle existe encore.

L'enfance du monarque fut donc harmonieuse au possible. Dès ses premières années, un vrai tempérament d'artiste se dévoile.

Saisissons-le à la volée.

L'ambassadeur Contarini le dépeint à peu près ainsi, en 1525 :

« Tempérament nerveux, impressionnable ; caractère mélancolique porté à la rêverie. Maintien modeste, calme en apparence. Il garde la mémoire de l'injure faite. »

Viardot achève l'esquisse :

« Il avait le front haut et plein, l'œil pénétrant, le nez un peu aquilain et fermement dessiné, la lèvre inférieure fière et dédaigneuse, le menton large et court. »

Lèvres sensuelles plutôt, celles annonçant le gourmet; vivacité du regard, tout ne caractérise-t-il pas le vrai musicien? J'oubliais le buveur insatiable.

A sept ans, il ressemblait étonnamment à son oncle, dont le prénom lui a été donné.

Mozart, à peine né, interrogeait avidement le clavier pour en tirer des sons quelconques qui le jetaient dans un doux ravissement.

Dès les premières années du mémorable XVIe siècle, on put contempler, dans les salons de l'archiduchesse Marguerite, à Malines, un intéressant bambin, aux allures impressionnables, faisant résonner au hasard les touches de l'épinette de sa tante.

Il dévorait des yeux ce clavier magique qui offrait déjà à son organe auditif un monde de sensations ineffables.

Anch' io son musico, se sera-t-il écrié plus d'une fois, jusqu'au jour où il fut de force à accuser nettement ses aptitudes et à classer ses émotions.

D'instinct, il aura recomposé sur l'instrument telle ou telle parcelle de mélodie qui l'avait fait frissonner d'aise. Premiers préludes qu'il a dû rappeler souvent à ses intimes.

Sa sœur Éléonore — qui devint plus tard une vraie artiste du chant — s'amusait déjà, en 1506, à jouer de petites bagatelles sur une épinette qui sortit d'un atelier renommé : celui d'Antoine Mors.

Voilà l'émulation provoquée ! Charles avait six ans, Éléonore en comptait huit.

A cette époque, on décorait les instruments à clavier de la façon la plus gracieuse, et, comme on cherchait à répandre, autour des enfants princiers, la lumière et la gaieté, on peut croire que leurs objets de distraction étaient ornés de peintures *ad hoc*, parsemées de scènes éminemment divertissantes. Ainsi, par exemple, pour leurs petites voitures d'amusement : elles offraient toutes des tableautins pleins d'une coquetterie exquise.

Bientôt Charles donna à ses goûts musicaux naissants, instrumentaux surtout, un essor de plus en plus prononcé. Les leçons littéraires finies, d'un bond il s'élançait vers son épinette et s'y amusait durant des heures. Il devint non seulement l'élève-amateur le plus docile et le plus attentif, mais le mieux doué pour devenir un virtuose éminent.

Forcé de s'installer à Lierre en 1508, pour échapper aux atteintes de la peste qui sévissait à Malines, on tint à lui procurer, par continuation, « déduict et passe-temps. » Son maître, un organiste du nom de Van Viven, guidait ses doigts sur le clavier du clavecin et peut-être de l'orgue.

Il joua, rapporte-t-on, d'un manicorde « monté et accoustré comme il appartient. » Cela veut dire, je crois, que l'instrument d'enfance fit place à un instrument plus sérieux et mieux outillé en toutes ses parties.

Il aura su déjà jouer des motifs de danse et de chant, s'il n'a pu être de taille encore pour tenir sa partie dans les petits concerts organisés par maître Bredemers. La bonhomie parfaite avec laquelle il exécutait ses petites sonatines, le rhythme et les nuances qu'il y apportait, auront provoqué l'admiration de son entourage.

A coup sûr, son professeur l'aura pris en parfaite affection et lui aura prédit les petits triomphes intimes qu'il aurait remportés bientôt dans les rangs d'artistes et d'amateurs sérieux.

Quand Bredemers entre en scène, on ne saurait le dire. On devine tout de suite, à travers les rapides progrès accomplis, l'intervention d'une haute persomnalité. La finesse de goût de Charles, que vante tant Sandoval, perce à travers le débrouillement de l'enfance, et lui permet de marquer avec sûreté ses préférences, en fait de compositions musicales, et ce discernement si étonnamment précoce n'est jamais pris en défaut.

Douces heures qu'il dut regretter bien des fois dans la suite, au milieu des agitations de la politique et des fracas de la guerre!

Ses sœurs, en se bornant à l'étude seule du clavecin, en savaient assez, évidemment, pour charmer leurs loisirs et agrémenter leurs réceptions.

Charles, lui, en voulait davantage. Outre l'épinette et ses congénères, il tenait à scruter les arcanes de l'art musical même.

L'occasion s'offrait fréquemment d'entendre vibrer sous les voûtes de la cathédrale de Malines, non seulement l'orgue orné de ses jeux spéciaux, mais les chants harmonisés appelés alors *res facta.*

Quelle impression ineffable il aura ressenti, en entendant se dérouler, à l'aide de maîtres éprouvés, les motets de Deprès, Brumel, Van Weerbeke, Agricola, Dela Rue, Obrecht, Isaac, Ducis, etc., répandus déjà, par les moyens de la typographie à notes mobiles, dans l'Europe entière.

Son oreille pénétrante aura facilement su discerner la structure savante de ces œuvres d'élite, sauf à en retirer, pour son instruction particulière, les éléments d'assimilation qui convenaient à son tempérament et à son génie.

Bredemers était là d'ailleurs, pour lui inculquer les principes de l'épinette non seulement, mais de la composition et de l'instrument princips, l'orgue, devenu naturellement le confident de ses intimes aspirations. Et la fréquentation des meilleurs praticiens de la chapelle royale ?

Tout ce qu'il y avait de noble et de beau, concordait, chez lui, avec ce qu'il y avait d'utile et de nécessaire.

La riche bibliothèque de Philippe le Bon, qui servit à l'éducation de

Charles le Téméraire et de Philippe le Beau, lui échut en partage, accrue encore par les livres particuliers que Marguerite d'York lui laissa en héritage en 1503, et par ceux que lui destina Charles de Croy, prince de Chimay.

Admis à consulter la collection bibliographique de sa tante, Marguerite d'Autriche, il put y admirer les splendeurs de la calligraphie musicale flamande, et, mieux instruit, y apprécier dignement celles notamment qui émanaient de l'élite de nos compositeurs.

Les calligraphes musicaux qu'il mit plus tard en œuvre pour l'embellissement de sa bibliothèque particulière, sont la conséquence naturelle des observations multiples et des études assidues qu'il fit en compagnie de ces merveilles de l'art de la notation ornementée.

III.

UNE VÉNÉRABLE FIGURE.

Connaissez-vous la jolie composition de Carmontelle, faite à Paris, en 1763 ? Elle représente le jeune Mozart jouant du clavecin, Nannerl, sa sœur, chantant à ses côtés, et, derrière la chaise du bambin, le père de Mozart conduisant le petit concert, à l'aide de son violon.

Rien de plus gracieux que ce groupe instrumental :

Celui qui fut présenté, au début du XVIe siècle, dans les salons de Marguerite d'Autriche, était tout aussi séduisant :

Charles, prince de Castille, le héros de cette esquisse et ses quatre sœurs ;

Éléonore, devenue depuis une vraie artiste du chant et du clavier ;

Élisabeth, qui installa à la cour de Danemark nos meilleurs maîtres musiciens, et bonne virtuose elle-même ;

Marie, dite de Hongrie, une dilettante passionnée, qui transféra en Hongrie toute une chapelle d'élite, dont Willaert fit partie ;

Catherine, unie à Jean III de Portugal, une proselytiste artistique, musicale surtout, qui compléta, à Lisbonne, l'œuvre de sa vaillante sœur.

Au centre de ce groupe charmant, la vénérable, la sympathique et l'intelligente figure de maître Bredemers (1).

Collectivement et à part, il enseigna à ses intéressants élèves le jeu de divers instruments, tels que le luth, la flûte, la grande viole, le clavicorde et l'orgue. Le clavicorde échut surtout en partage à Charles et à son intelligente sœur Éléonore.

Vous le voyez d'ici prendre déjà, haut et ferme, le sceptre musical, en attendant qu'il s'empare du sceptre politique.

Mais, tenons-nous, pour le moment, à Bredemers, à cette noble et aimable existence, qui, par ses contours tout gothiques, eussent mérité d'exercer le talent d'un Albert Dürer.

Talent qui se pliait aux grandes comme aux petites choses, il fut la force impulsive de toutes ces expéditions des maîtres musiciens aux pays étrangers, expéditions qui répandirent rapidement la gloire de la Néerlande autour de l'Europe entière.

Il assista à la naissance de l'art de jouer de l'épinette, et en fut un des premiers virtuoses de marque. Maniant avec habileté le mécanisme de ce polyphone précurseur du piano, il parvint à en tirer des ressources nombreuses, quant au style, à l'expression et à l'harmonie.

Doué d'une méthode personnelle infiniment ingénieuse, il sut l'inculquer avec fruit à son noble élève, et l'étendre, par voie de transmission directe et indirecte, à ses dignes successeurs, les Gillekin, les Pathie, les Bocquet, etc.

Il avait, de plus, cette douceur insinuante et cette persuasion sincère qui devaient rapidement lui créer une vogue durable.

On le croit natif de Lierre. Il serait plutôt originaire d'Anvers, où,

(1) Sur un des jetons du prince de Castille, frappé en 1506 et devenu une haute rareté, on peut voir, très finiment exécutés, les portraits de « Charles, Ysabeau, Marie et Lyenor. »

de bonne heure, il remplit les fonctions d'organiste à la cathédrale, avant de passer au service de Philippe le Beau.

Appelé *Henri de Namur*, il ne dut vraisemblablement ce surnom qu'à un bénéfice namurois qu'il tint de son souverain pour récompenser ses fidèles services.

Fort probablement aussi, il reçut son éducation de Jacques Barbiriau, à la maîtrise de Notre-Dame d'Anvers. Il ne tarda pas à succéder, dans les fonctions d'organiste, à Godefroid Népotis. Ce n'est qu'après avoir rempli le même poste à la chapelle archiducale, qu'il fut commis à l'éducation musicale des enfants de Philippe le Beau.

Il accompagna ce souverain dans toutes ses expéditions; celle d'Espagne fut la plus mémorable.

Admis à suivre Charles-Quint en Angleterre (1520), il donna, à ses frais, un banquet aux chantres de la chapelle d'Henri VIII, à Cantorbury. Il fut aussi du voyage de Mayence. Partout il sut maintenir, haut et fier, la gloire de l'école musicale néerlandaise.

Il construisit à Lierre une maison qui ne fut point dénuée d'une certaine élégance, et, pour ajouter encore à son embellissement, Charles lui fit don d'une verrière munie de ses armes.

Les autres libéralités du monarque ne se comptent pas. N'avait-il point la pleine confiance de son auguste maître ? C'est lui qui présidait aux achats des épinettes et des orgues. Il fut même chargé parfois de missions délicates à l'étranger, comme celle de 1514 notamment, où il se rendit en Hollande pour une affaire demeurée secrète.

Admis enfin à la pension, il résigna, en 1522, sa prévôté de Namur en faveur du maître Hanneton. Ce fut le dernier acte de sa fructueuse carrière.

Par le rayonnement de son art, l'œuvre de sa vie entière, il forme une individualité marquante déjà burinée dans l'histoire.

Jusqu'à 1514, les registres de la comptabilité princière parlent d'« enseignement de la musique» ou d'« instruction en l'art de musique, à grand'peine et travail, » mentions, qui, détachées de celles relatives aux leçons instrumentales, annoncent tout un code inculqué à ses élèves, dont Charles aura certainement bénéficié le plus.

La perte de ses compositions de musique d'église est à regretter. Celle de ses pièces instrumentales est bien plus déplorable. Une chanson flamande pour tablature de manicordion destinée au jeune empereur ou à sa sœur Éléonore, quel régal d'archéologie organographique?

Ne désespérons point d'avoir, quelque jour, cette chance ineffable.

IV.

ORGUES ET ÉPINETTES.

La famille de Charles n'y allait pas de main morte pour le renouvellement de ses instruments à clavier.

En 1508, manicorde pour Charles: ateliers de Marc Mors d'Anvers.

En 1514, orgues pour la cour: ateliers d'Antoine Mors.

En 1515, orgues pour Charles: même provenance.

En 1516, clavicorde pour Éléonore et orgues pour Charles: même provenance (1).

En 1517, nouvelles orgues pour Charles, destinées à son voyage en Espagne: Henri Mors.

En 1529, restauration des orgues de la chapelle de Marguerite d'Autriche: Antoine Mors.

En 1532, grand virginal et restauration d'un orgue pour Marie de Hongrie: Sigismond Vyer.

(1) Il règne beaucoup de confusion dans la désignation des instruments à cordes et à clavier de la première moitié du XVIe siècle. Je me suis efforcé ailleurs de les préciser autant que possible. Le lecteur saura que le clavicorde, à la date susdite, était bel et bien une épinette, et qu'aujourd'hui encore, au delà des Pyrénées, la même appellation s'est perpétuée.

En 1539, grand et petit positifs pour Charles : Étienne Lethmann.

Est-ce tout? Non, très probablement, car bien des archives intimes ont été englouties dans les désastres révolutionnaires.

Longtemps restés à l'état latent, pour ainsi dire, les polyphones à clavier reçurent, par la vive et permanente impulsion partie d'en haut, une activité de propagande surprenante. L'élite de la noblesse s'y associa vivement.

Charles attacha donc son nom aux premières épinettes perfectionnées sorties des ateliers flamands, anversois surtout. Il doit avoir connu et pratiqué l'épinette organisée, puisqu'en 1532, Rabelais en parle, ce qui annonce déjà un usage sensiblement vulgarisé.

Douze demoiselles jouèrent, en 1502, d'un clavicorde au *Westminster Hall*, à Londres.

L'organiste de Jacques de Luxembourg, seigneur de Fiennes, toucha une épinette, en 1526.

Peu avant, en 1521, on apporta, à la cour de Lorraine, une épinette double, sans compter « l'archiquier » musical acheté en 1511, et dont la détermination réelle est encore à faire.

En la première moitié du XVIe siècle, toute la série d'instruments à clavier inonda les salons européens. Et, ce n'était point seulement à titre de « déduict et passe-temps. »

L'appareil polyphonique, donnant une plénitude harmonieuse complète, y contribuait virtuellement. Luth à part, si Charles a dû s'essayer sur la flûte — un des instruments de son enfance — il l'aura bien vite condamnée à un abandon complet, comme n'offrant qu'une succession de notes simples et à découvert.

C'est pourtant aux sons d'un galoubet manié par Charles, que notre héros dut la vie. Une anecdote, très populaire encore en Flandre, raconte cela.

Charles avait entrepris une partie de chasse. Se trouvant incidem-

ment trop éloigné de son escorte, il manœuvra si bien qu'il parvint à atteindre une auberge.

C'était, par malheur, un antre de brigands. Ce monde là, doué d'un flair particulier, comprit qu'un excellent coup était à faire. D'un accord merveilleux — ils étaient quatre — on commença un jeu de pantomime dont on attendait un résultat surprenant.

On se mit à feindre un rêve.

Le premier des acteurs jugea qu'il fallait s'emparer du chapeau de l'étranger.

Le second opina de lui ôter son justaucorps.

Le troisième devait lui soustraire son précieux *Keulder*.

Enfin, apercevant une chaîne d'or, à laquelle était suspendue une flûte, on estima qu'il fallait délivrer l'inconnu de ce poids incommode.

Charles ne perdit point son sangfroid.

Avant de se séparer de sa chère flûte, il demanda qu'il lui fût permis d'initier le groupe de somnambules déguisés à son art de virtuose sur le dit instrument.

Aux sons perçants qui retentirent dans l'espace, les compagnons du monarque, occupés à chercher ses traces, firent irruption.

Ainsi entouré de sa garde de corps, Charles dit qu'à son tour il ferait un rêve. Il déclara donc — en songe — qu'il se croyait autorisé à faire pendre les quatre brigands.

Et, pour entrer immédiatement dans la voie de la réalité, il fit exécuter les malfaiteurs aux arbres qui entouraient la maison, et en présence d'autres mécréants accourus au signal du maître.

A Gand, on raconte l'anecdocte d'une autre manière. Je lui ai préféré la version transmise par les livres du temps.

La naïve gravure phototypée ci-contre représente la scène assez pittoresquement. On y voit, entr'autres, la pendaison des quatre bandits opérée à un poteau régulièrement construit!

L'original de l'estampe, dû au célèbre peintre van Orley, démontre ce que les copies successives ont amplifié et commenté (1).

On remarquera que l'expression : « montrer son art, » que je traduis ici littéralement du flamand, n'est point inventée purement et simplement pour les besoins du récit. Elle rappelle les leçons de flûte que Charles reçut de Bredemers et les airs qu'il a dû exécuter de temps à autre, sur le monaule, bien qu'il lui preférât, comme je l'ai constaté, les polyphones à clavier, riches d'harmonie et variées.

Plus encore que le clavecin, dont les sons produits par la percussion ou la friction n'étaient que momentanés, l'orgue a dû être son maître-instrument, celui qui permettait des combinaisons et des enchévêtrements d'harmonies continues, et dont les sons ainsi croisés et alternés, se prêtaient à la rêverie idéale, à l'expression doucereuse de ses pensées intimes : un vrai confident, en un mot.

Aussi ce promoteur de l'harmonie, ce véhicule de la pensée secrète le suivit-il dans toutes ses excursions, ou belliqueuses ou pacifiques, comme un compagnon discret, comme un bréviaire sentimental.

Quand, à la suite d'ennuis diplomatiques insurmontables, il s'enfermait dans ses appartements, pour empoigner un luth ou pour s'emparer d'un clavier à cordes ou à tuyaux, on pouvait le comparer en quelque sorte à Orphée s'échappant du Tartare !

En 1515, il se trouvait à La Haye. Ce n'était là qu'une résidence

(1) Il se conserve à la Bibliothèque de l'Université de Gand, et fait partie d'une série de seize miniatures de la plus adorable finesse. Celle en question représente un vrai bouge, et rien de ce qui sent plutôt l'hôtellerie que le coupe-gorge. La scène a lieu à gauche d'un petit bâtiment qui se prolonge obliquement à droite. Vers ce côté, les quatre larrons pendus, devant une demeure à pignon. Rien de ce qui ressemble à une flûte n'est entre les mains de Charles. C'est ce qui m'a fait donner la préférence à la gravure, où l'Empereur est entrain de jouer d'une sorte de galoubet, pendant que les voleurs de dépouillent.

momentanée, et pourtant la mélancolie le gagna au point qu'il dût chercher une distraction dans l'exercice continuel du plus beau des arts.

Il fit donc venir des ateliers anversois deux orgues, « pour servir à son très noble plaisir, en sa chapelle domestique. » Je suppose qu'il joua là, devant les autels, les cantiques les plus suaves et les plus calmants, et que, en d'autres circonstances, il fit transporter l'instrument dans ses salons.

Mais, comme il y en eut deux, il est plus vraisemblable que l'un était destiné à son appartement, et l'autre à son oratoire. Ce n'étaient, à tout prendre, que de simples orguettes, car le prix de leur acquisition ne s'éleva pas au delà de douze livres ; à moins que cette faible somme ne se soit rapportée au déplacement seul.

L'année auparavant, on l'a vu, il avait remplacé, à sa chapelle malinoise, un orgue devenu impropre au service.

Mais, il compte se rendre en Espagne. Vite une orguette pour l'y accompagner et l'y distraire.

Plus que jamais il en aura eu besoin, car le clavier politique est de ceux sur lesquels on ne joue point impunément des accords dissonants.

L'homophonie, surgie du plus noble des instruments, aura donc pu être provoquée utilement, et servir, dans le calme et la solitude, de lénitif à ses premières déceptions, les plus amères de toutes.

V.

CHANSONS ET PSALMODIES.

Notre musicien introduisit en Espagne les chansons appelées *flamencos*. Qu'est-ce à dire ?

Lors de son inauguration officielle *tra los montes*, le jeune souverain était, prétend-on, escorté de nombreux *gitanos*.

A partir de cette invasion, le nom de *flamencos* fut pris en mauvaise part et traduisit en quelque sorte la haine que les Espagnols vouèrent aux habitants de Flandre, pour leur ingérence néfaste dans les affaires publiques et leur prépondérance à la cour impériale de la péninsule.

On sait trop bien que ces chants, insaisissables en quelque sorte dans leur capricieux contours, et où prédominait une mélancolie sans cesse croissante par degrés successifs, sont, de tous les chants péninsulaires, ceux où se dessinent le mieux et se confondent le plus clairement les caractères de la race zitana et andalouse.

Pourquoi dès lors s'y arrêter ? Croyons-en là-dessus les ambassadeurs d'Italie à la cour d'Espagne, lesquels ne tarissent point en éloges relativement à la gaieté naturelle des Flamands et sur l'humeur joviale que respirent leurs chants. Guicciardini n'a-t-il pas dit que les Flamands, hommes et femmes, chantaient naturellement du matin au soir?

On accordait jadis une énorme influence à la musique vocale, influence toute aimable, toute bienfaisante. Quel est donc cet écrivain qui veut que les miracles que la mythologie attribue à la musique prise en général, ne sont, en définitive, que ceux du chant?

Est-ce avec des fugues à quatre parties, dit-il, qu'Orphée adoucissait les tigres et les hommes qui étaient de vrais tigres à cette époque? Est-ce à coups de subtilités du contrepoint qu'Amphion éleva les murs de Thèbes? C'est en chantant bel et bien des bluettes qu'il leur faisait oublier les fatigues.

Quand Tyrtée stimula le courage des Lacédémoniens et leur fit remporter la victoire sur les soldats de Messine, avait-il emmené un orchestre qui empêchait son hymne patriotique d'être entendu?

Enfin, Arion se servait-il des trombones de l'Opéra, pour séduire le dauphin qui devait lui sauver la vie? Pareille harmonie, au contraire, ne devait-elle faire fuir tous les poissons de l'océan?

Fables, d'accord; mais exemples frappants de l'estime qu'on eut, de toute antiquité, pour le chant, et de la puissance surnaturelle qu'on lui attribuait.

Au fait les, maîtres néerlandais, en gouvernant durant plus d'un siècle la chapelle souveraine de Madrid, n'ont point eu, comme objectif principal, l'enseignement de l'harmonie et du contrepoint, mais l'initiation aux principes, bien imparfaitement formulés ailleurs, du chant artistique.

Faut-il citer des célébrités de l'espèce, telles que De Fossâ, Dela Rue, Agricola, Bosquet, Brûlé, Buys, Reydummel, etc., tous admirés par les connaisseurs et choyés par leur souverain.

Au point qu'un de leurs enthousiastes lança, dans un de ses écrits, ce dicton buriné désormais dans l'histoire: *Belga canit*, le Belge chante!

Charles a dû manier la voix avec une méthode plus ou moins ingénieuse, puisque les moines de Yuste s'extasièrent en l'entendant, à travers d'un interstice de porte, fredonner quelque monodie pieuse.

Musicien né — on n'en saurait douter — il aura eu, à un point extrême, le don d'émouvoir le cœur et de charmer l'oreille. L'esprit d'appropriation aura suppléé à une méthode réelle dirigée persévéramment. Sa nature, aidée par une éducation morale distinguée et une éducation instrumentale puisée aux meilleures sources, aura fait vibrer une note particulière toute empreinte d'une poésie savoureuse.

Il me semble l'entendre entonner magistralement la chanson célèbre que les plus fameux contrepointistes se sont évertués à l'envi de tisser dans leurs messes et motets.

Il en est une particulièrement à laquelle il a attaché son nom: *Mille regrets*. En lisant ce timbre, on se demandera naturellement pourquoi un enfant de Gand, un adorateur du pays pittoresque et des habitants priviligiés de Flandre, se soit servi d'un idiome étranger, d'un idiome prédominant dans une contrée qui a dû lui rappeler tant de déboires.

Sachez que beaucoup de chansons de l'époque se formulaient en français, mais se modulaient dans cette gamme et cette mesure. C'était d'ailleurs la langue dont se servait Marguerite, sa tante, inconsolable comme Rachel, tant dans les réceptions de cour que dans les recueils rimés où elle exhale ses complaintes. Ne lui a-t-il point transmis quelque chose également de son humeur sombre et soucieuse?

Que dis-je? Ne dansait-on pas, en ces temps bizarres, sur des motifs traînants et mélancoliques au possible? Quelqu'un qui n'avait jamais entendu mieux, ne devait-il point s'en accomoder logiquement?

Donc, chanson favorite de Charles à caractère morne et concentré, qui est bien celui du monarque. Le voilà subissant la loi fatale d'un refrain, lui qui en imposa tant d'un autre genre à ses sujets.

Blasé de tout, ne conservant plus d'illusion possible, poursuivi par les remords, traqué par le temps : marche, marche ! Ne pouvant rebrousser chemin ; ayant eu des jours radieux, mais suivis de terribles revers....

Un vrai lamento, ces *Mille regrets.*

Comme *lied* pris en lui-même, une reminiscence, fatale aussi, de la mélodie typique qui a traversé des siècles, et d'où sont dérivés une foule innombrable d'autres motifs de chant. Cela va traînaillant, s'emboîtant à merveille comme successions consonantes, et se terminant sur une note *perdendosi.*

Où résiderait maintenant le spécimen le moins incomplet du chant, tant pour la musique que pour les paroles ?

Il me semble que le motif qui a bercé l'enfance du prince, et qui a été traité par un vrai prince de la composition, est provisoirement à adopter. Qui sait, enfin, si Charles n'a pas tenu une partie, dans l'exécution de l'œuvre de Deprès dirigée par Bredemers ? Cela paraît même probable, pour le temps du moins que dura sa voix de soprano.

Personne ne s'est soucié jusqu'ici de cette curieuse chanson. Je dirai plutôt qu'elle est restée généralement inconnue. Et la sachant, ce dont je doute, qui s'est évertué à en publier le texte, à titre de souvenir d'un grand monarque, qui la considérait comme son refrain de prédilection ?

Le fait est qu'elle s'est offerte d'abord dans une œuvre à quatre parties, dont elle forme le supérius, non point ici comme une tradition d'école et une gracieuseté pour un prince épris de ces groupes sonores : l'œuvre de Deprès, je le répète (1).

Y a-t-elle été littéralement conservée ? Car, on le sait, le contre-

(1) Elle ne saurait avoir été créée en vue de la voix enfantine encore de Charles. La chronologie s'y oppose tout comme l'inspiration amouroso-mélancolique du sujet.

point avait ses caprices et ses immunités, et il les faisait valoir à l'occasion.

Un contrôle était à exercer, et, grâce à ce mode d'examen comparatif, on a pu rapprocher du supérius tissé dans la composition à quatre voix, celui d'un morceau instrumental entièrement formé de la mélodie susdite.

Il est arrangé pour *vihuela da mano*, l'ancienne guitare, qu'un maître habile en cette spécialité a inséré dans un recueil d'une insigne rareté nommé : *El Delphin de musica*, et appelé *Cancion del Emperador*, *musica del Jusquin* (Deprès.)

Voici d'abord en regard la composition du dit maître, très inconnue également, et où les rares musicographes qui l'ont feuilleté, n'ont guère soupçonné la rencontre d'un thème cher à un monarque-mélomane distingué.

Toute l'harmonie des musiciens de ces temps était renfermée dans les accords de tierce et de quinte, tierce et sixte, tierce et octave, et, à quatre parties, tierce, quinte et octave : harmonie modifiée de cinq façons diverses, qui, on le conçoit, étaient de nature à jeter la perturbation dans le déroulement intégral d'un thème adopté.

Et les maîtres de l'instrumentation, laissant voguer leur imagination, se livraient aussi, de leur côté, à la détérioration irrespectueuse du motif fondamental traité par eux.

Pour comble, la plupart des textes musicaux sont inexactement reproduits, la partition qui établit l'équilibre d'un coup-d'œil n'existant pas.

Puisque, dans ces simples mesures de chanson, il y avait diverses notes oubliées, on a été trés embarrassé naturellement, à cause de ces décevantes lacunes. Toutefois, elles ont été restituées consciencieusement comme elles eussent dû être imprimées originairement.

Autre embarras. Il y avait deux formes différentes pour le texte :

MILLE REGRETZ, Chanson favorite de Charles-Quint,

arrangée à quatrevoix par JOSQUIN DEPRÈS.

Et des lon - - ger Et des-lon - - ger vostre faché

ner Et des lon- ger des - longer vostre fa - - ché

ner Et des-lon- ger *

Et des lon - ger vostre fa - - ché

amoureu- se J'ai si grand dueil et paine

amoureu- se vostre fa- ché amoureu-se J'ai si grand dueil et pai - ne

vos tre fa- ché amoureu-se J'ai si grand dueil

amoureu se vostre fa - ché amoureu-se J'ai si grand dueil

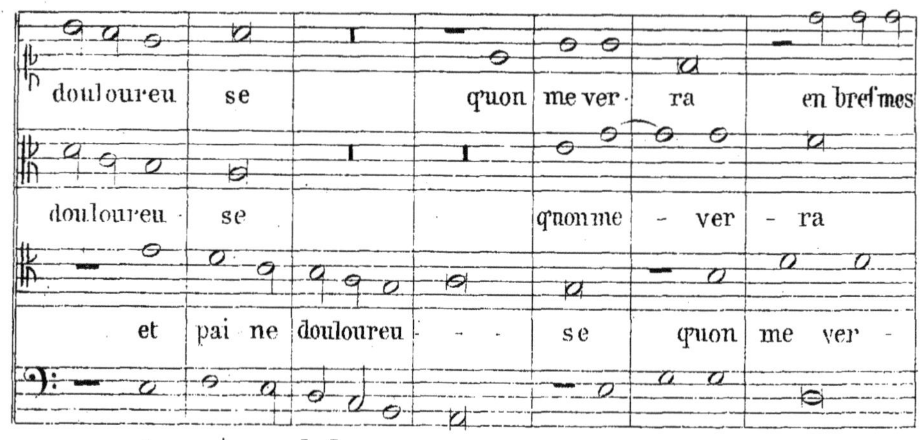

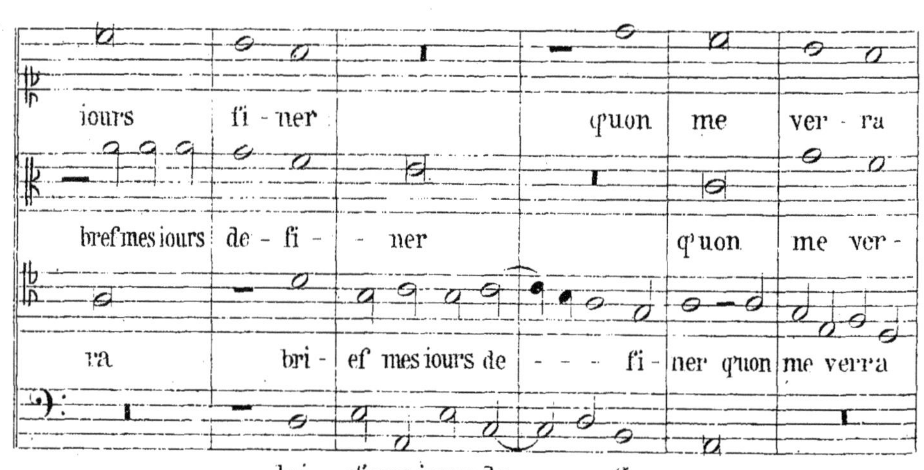

en bref mes iours fi - ner en bref mes iours fi - ner en bref mes iours fi - ner

* *

ra en bref mes iours fi - ner en bref mes iours fi - ner en bref mes iours fi - ner

* *

ra en bref mes iours fi - ner en bref mes iours fi - ner en bref mes iours fi - ner

en bref mes iours fi - ner en bref mes iours fi - ner en bref mes iours fi ner

MILLE REGRETZ,

Chanson favorite de Charles Quint,

texte restitué avec accompagnement de Vihuela de mano (1538)

J'ai - si grand dueil et pai - ne doulou reu se
- q'uon me ver - ra en bref mes iours -
fi - ner qu'on me - ver - ra en
bref mes iours fi - ner en bref mes iours fi - ner en bref mes iours fi - ner -
*
*
*
*

offrait, à la vigoureuse étiquette de cour, pour l'échanger contre les habitudes familières de la vie privée !

Les mœurs avaient alors plus de franchise que de nos jours. L'hypocrisie était inconnue dans les sphères galantes. Combien de preux chevaliers, combien de gentilshommes distingués, ne se firent pas scrupule de laisser inscrire, sur leur noble nom, le fruit de leur liaison avec une fille du peuple, et même de permettre d'y joindre l'appellation de celle-ci ?

La jeune beauté flamande que Charles aima — Jeanne Vander Gheynst, qui fut attachée au service de la noble dame du château — appartenait-elle décidément à la famille d'un brave manant des environs d'Audenarde ? Et, les suites de cette douce intimité ne tardant point à être connues, la dame du logis, d'accord avec la reine-régente, Marguerite d'Autriche, a-t-elle pris sous sa protection spéciale l'objet de la passion de Charles ?

Cela est vraisemblable, d'autant plus que le nom de *Marguerite*, donné à l'enfant, trahit en quelque sorte cette intervention occulte de la vertueuse tante de l'empereur. N'en devint-elle point plus tard la seconde mère ?

Un document précieux, échappé comme par miracle à l'anéantissement, tend à le prouver, et même a amené divers historiens à opiner ouvertement en ce sens. Par contre, on incline, depuis quelque temps, à revenir au récit d'un écrivain officieux, de Strada, que commente M. Pichot, un peu à la légère ce me semble.

Prenons-en ce qui peut servir de cadre à l'objet de ce chapitre.

Charles aimait la Flandre, portée vers la fin de son règne, au *summum* de sa renommée. Il y séjournait volontiers, et s'empressait d'accepter, avec une grâce aimable, toutes les invitations qui lui étaient adressées par de hauts personnages, heureux de le distraire et le divertir.

C'est, dans une de ces fêtes, qu'il rencontra ~~Marguerite~~, rencontre qui dut naturellement exercer sur son caractère une certaine influence. Il la distingua, parmi une groupe de jeunes filles de l'aristocratie, comme la plus belle et la plus avenante.

Son air naïf, sa fraîcheur de teint, ses manières gracieuses, le contentement peint sur sa physionomie, tout contribuait à enchanter le maître.

L'attraction fut réciproque: elle admirait le vainqueur de Tunis, sa vivacité charmante empreinte d'un doux sentimentalisme, son air intelligent et sympathique, ses vingt ans...

Charles ne tarda pas à trahir sa soudaine préférence autrement que par le regard. Il la faisait remarquer aux seigneurs qui l'entouraient, vanta sa physionomie attrayante, sa taille, sa grâce; tout ce qui le subjuguait (1).

Il apprit alors son origine, son éducation, son existence confinée dans la solitude du toit domestique, son aversion pour les plaisirs mondains, sa détermination à prendre le voile.

Exceptionnellement, elle avait cédé à la curiosité si naturelle de voir l'empereur, en se laissant conduire par la comtesse De Lalaing à cette fête.

Dieu, ou du moins le couvent, eut un rival dans son cœur ingénu, où l'amour d'une sujette dévouée au souverain dominait soi-disant tout.

L'admiration de celui-ci vola bientôt de bouche en bouche, et les courtisans, toujours habiles à exploiter ce qui pourrait augmenter leur crédit, imaginèrent une trame digne d'un roman ou plutôt d'un drame.

En définitive, Jeanne fut donnée, par l'un d'eux, pour maitresse à Charles. La machination réussit, en trompant, d'une part, l'empe-

(1) Je reproduis presque littéralement ici le texte de M. Pichot.

reur, et en employant, de l'autre, contre l'innocence de la jeune fille, un de ces moyens dont les livres galants sont remplis.

On l'enleva la nuit, et on la conduisit tremblante au rendez-vous, après avoir troublé sa raison par un narcotique ([1]).

Jeanne devint mère. Charles reconnut l'enfant et la fit élever comme une princesse de sang impérial.

La part de la musique, dans cette équipée instrumentale, fut grande, selon toute apparence. En sa qualité de demoiselle noble, Jeanne a dû toucher le clavecin ou pincer du luth, voire même chanter. Les deux amoureux se seront évertués à se surpasser, et les allusions soulignées n'auront point fait défaut dans les cantilènes mutuelles.

Il y a concert. Au tour de Marie de Hongrie, qui déploie un talent souple de vraie musicienne. Elle dit certaines mélodies d'où s'exhale un parfum nordique très prononcé.

La comtesse de Fiennes, amateur passionnée de l'épinette, y exécute de ravissantes fantaisies. D'autres dames de marque auront sympathiquement contribué au succès de cette mémorable soirée. Bref, il se passa là, comme cinq ans auparavant en Espagne, lors du séjour qu'y fit Charles, en compagnie de son père Ferdinand et de ses sœurs Éléonore et Catherine, cela à un banquet donné par le président du grand Conseil :

« Ce sembloit un paradis de délices que delà estre, pour l'armonye et douce résonnance, tant de divers instruments que de bonnes gorges et doulx accortz qui là se jouaient et chantaient, chascun à son tour. »

Le « déduict » de la musique ayant pris fin, la danse s'ouvre, naturellement après un copieux festin, où le vin et la franche gaieté

(1) Ce rendez-vous fut Schoorisse (Escornaix) près d'Audenarde, où le comte Dela Laing avait un château dont les restes viennent d'être démolis.

circulent. On se figure aisément ces groupes mouvementés du sexe, aux toilettes brillantes, aux allures distinguées.

Ce qu'était, en définitive, un bal de la fashion, au commencement du XVIe siècle, il est difficile de le dire : tant de descriptions diverses en existent. Pour la musique qui le guidait et l'animait, l'hésitation est plus grande encore.

Il y en avait, je le répète, dont le caractère se rapprochait des plus lugubres cérémonies. Une chanson de Rabelais frise le *De Profundis*. Or, Diane de Poitiers ne voulait point d'autre thème chorégraphique. Et François Ier qui aimait à danser sur un air emprunté à la liturgie !

Il convient pourtant de distinguer le funèbre du religieux : témoin la grave pavane, qui fut exécutée à une fête donnée, par le rival de Charles, aux ambassadeurs d'Henri VIII, et qui offre un caractère mélancolique dont la note sensément sombre est exclue.

Les instruments consistaient simplement en trois « trois buccines et flûtes de boys. » L'orchestre étant aminicé à ce point, on s'imagine dès lors qu'il résonnait dans une salle peu vaste. Or, c'est en plein air que le divertissement eut lieu.

Les danses, sous Charles le Téméraire, étaient réglées par des hautbois, des bombardes et des cornets. Sous Philippe le Bon, son père, l'instrumentation chorégraphique présentait un double groupe : celui des trompettes et des trombones, et celui des flûtes, des harpes et des luths.

Vers la même époque, on organisait, à Louvain, des bals, aux sons d'une flûte, d'une harpe, d'une viole et d'une trompette.

Un intéressant manuscrit de Marguerite d'Autriche nous livre les appellations de certaines danses, comme la *Basse dance du Roy*, celle de *la Beaulté de Castille*, de *la Marguerite*, etc.

C'est à cette dernière source que l'on aura puisé pour l'organisation la fête du comte De Lalaing. On peut envisager le concert qui s'y déroula, d'abord comme un tranquille *andante*, et, comme un *agitato vivace*, le bal qui le suivit, bal de haut ton, en somme, mais où une trame passionnée se noua étroitement, qui, pour la plupart des augustes participants, ne demeura point un mystère.

La soirée fut entremêlée, de plus, d'affaires guerrières. Chaque fois qu'un courrier de Tournai aura apporté une nouvelle de la ville assiégée, une joie délirante aura éclaté dans l'assemblée. Il eût fallu là un reporter ou mieux un poëte d'office : on aurait eu, dans la littérature nationale, un curieux *Impromptu sur la Prise de Tournai.*

La comtesse De Lalaing avait une chapelle musicale très distinguée. Au repas, cette chapelle aura fait les honneurs d'usage, comme firent probablement aussi les musiciens de Sainte-Walburge et ceux de Notre-Dame à Audenarde.

Un carillon embryonnaire existait dans la tour du beffroi, où Adam et Ève, aidés par le serpent, battaient les cloches. Ce jeu d'automates aura bien vivement intéressé le jeune souverain, amateur de mécanismes oraires, comme on le verra.

Un « chapel de fleurs, » selon la mode traditionnelle, aura été offert à Marie de Hongrie, par une troupe de jeunes filles chantant.

VII.

MÉNESTRELS DE PALAIS.

Dès la plus haute antiquité, on voit les souverains charmer leurs loisirs aux sons d'instruments harmonieux.

Pour ne remonter qu'à l'époque romaine, on sait qu'à la cour d'Auguste était attaché « un collége d'instruments à cordes. »

Notre moderne César en eut toute une série, pour n'avoir rien à envier à ses prédécesseurs.

Les virtuoses furent, on le conçoit, à la hauteur de leurs confrères les chantres, en talent et en renommée.

Dès son jeune âge, Charles entendit sonner un joueur de musette, Bertrand Brouart, que Philippe le Beau affectionnait particulièrement.

La harpe, aux sons cristalins, le séduisait au delà de toute expression. Dans toutes les excursions, et surtout dans les visites solennelles de nos cités, une harpe vibrait à ses côtés. Un certain David Vanden Hende, de la famille probablement des artistes appelés *à Fine*, était son harpiste préféré.

Il avait encore à sa suite, sans doute pour obéir à un usage impérieux, un groupe de *cytharedi* formant accord. Ce fut un violiste *da mano*, on le sait, qui servit d'intermédiaire pour dérober aux yeux du public la naissance de Don Juan (1).

Il y eut école attachée à l'apprentissage de cet instrument, sans compter l'école, excellemment organisée, pour les exercices chorégraphiques. Celle-ci pour échapper aux recrutements de hasard, toujours effectués au détriment de l'homogénéité de mécanisme et de style : vraie pépinière enfin, destinée à perpétuer les traditions consacrées.

Je doute s'il se plaisait à entendre la *viola d'arco*. Aucun exemple ne s'en offre. Par contre, on sait que l'instrument principal d'Espagne l'attirait invinciblement, et par l'institution qu'il en fonda, et par l'air caractéristique dont il raffolait, air, on vient de le voir, qui fut transcrit pour la guitare par un virtuose espagnol renommé.

Pour la flûte, qu'il pratiqua en même temps que le clavecin, trois joueurs de cet instrument — sans doute encore pour remémorer les *tibicenes* anciens — l'accompagnèrent partout où il y avait réception inaugurale.

Hors l'orgue, tout instrument quelconque était défendu sévèrement à l'église. C'est dire qu'en son oratoire particulier, Charles s'absorbait en entier dans le merveilleux interprète de la dévotion extatique.

Les pipeaux rustiques, seuls, furent tolérés le jour de Noël, pour aider, le plus efficacement possible, à la pittoresque et touchante exhibition des bergers au pied de la crèche où reposait Jésus.

Sévère à rebours, Philippe prohiba cette realiste manifestation du grand mystère de la Nativité, par un décret du 11 juin 1596. Apparemment des abus avaient été signalés.

En effet, certains *villancicos* étaient plus que naïfs, et, si on les juge par ceux qui ont été transmis jusqu'à nous par voie de la presse, c'est *indécents* qu'il faudrait les nommer.

(1) Voir *la Musique aux Pays-Bas*, t. III, p. 174-177.

Or, si l'action a traduit *ex æquo* les paroles, un vrai scandale a dû s'en suivre.

On saisit encore ici sur le vif le caractère de deux peuples si peu faits pour être unis sous une loi commune. Ce sont par continuation nos ruraux d'ici, taxés outrageusement de *flamencos*, qui entretiennent dignement la vieille coutume de donner des sérénades aux demeures des gens aisés, lors des Trois Rois.

Ils sont costumés ridiculement, mais décemment. Ils ont pour soutenir la voix, divers instruments, parmi lesquels figure le pittoresque et légendaire *rommelpot*. La flûte s'associe avec un sistre, ou plutôt avec des cimbales triangulaires à anneaux vibrants, pour rompre l'uniformité placide des roucoulements (1).

Charles aura vu défiler, devant lui, lors de son séjour à Audenarde, en 1521, une série de ces paradeurs parfaitement inoffensifs et accoutrés, selon toute apparence, d'une façon plus traditionnelle et plus originale que ceux qui surgissent actuellement à la fête des Rois.

Bien plus. J'ai prétendu que ces vieilles coutumes chrétiennes ont été empruntées à d'autres pratiques remontant au culte d'Isis.

« Chose curieuse, dis-je ailleurs (2), l'instrument d'Isis existe encore dans les campagnes flamandes sous la forme d'un triangle garni d'annelets mobiles. Une figurine nous la représente, au XVIIe siècle, unie à la flûte. Un tambourin et une guitare en plus, et voilà une frappante réminiscence d'un orchestre hiératique d'Egypte,

(1) J'ai fait, à ce sujet, dans mon livre : *les Billets des Rois en Flandre* (Gand, Vuylsteke, 1892), une étude spéciale basée sur de longues et patientes investigations.

(2) *Notes sur quelques instruments de musique en nature ou en figuration trouvés dans la Gaule Belgo-Romaine*. Extrait des procès-verbaux du Congrès archéologique et historique de Bruxelles, (Impr. Goemaere, 1891).

fonctionnant en pleine Flandre. Le tambourin, d'après toutes les mythologies, passe pour avoir été inventé par Cybèle.

» Au temps présent, un exemple caractéristique est à mentionner. Tous les ans, la veille de Noël et des Rois, des troubadours rustiques parcourent les environs de nos villes flamandes en chantant des couplets de circonstance, accompagnés par un triangle-sistre, une flûte, un *rommelpot* — tambourin à friction remplaçant les cymbales antiques — et un violon tenant lieu d'une lyre ou d'une guitare. L'identification est complète, en rapprochant, symboliquement s'entend, les mystères égyptiens et chrétiens.

» Autant de constatations de culte — par la voie des statues entr'autres — autant de concerts relatifs à ce culte. »

Si l'on compare maintenant la troupe de musiciens particuliers de François Ir à celle des musiciens spéciaux de Charles-Quint, l'infériorité de nombre est pour celui-ci. Une existence tourmentée ne s'accomodait guère avec un déploiement instrumental aussi considérable. Jamais, il ne put lui venir à l'idée de s'adjoindre, pour sa musique de cour, une phalange de vrais virtuoses de parade. Il recherchait, avant tout, la qualité.

Du côté de son adversaire, des efforts constants étaient déployés pour arriver à l'homogénité parfaite de ses éléments recrutés un peu partout. Il suffisait d'ailleurs à Charles, qui avait sous sa domination un pays où la nature avait créé en quelque sorte musicien chacun de ses habitants, comme le témoigne Guicciardini, d'appeler une troupe de renforts, pour qu'immédiatement le nombre et la qualité fussent obtenus.

Si Charles eût expédié, à la place de François Ir, ses meilleurs musiciens à Constantinople — traité avec Soliman, en 1543 — il n'eût point renvoyé chez eux le corps entier des virtuoses officiels, ni cassé avec rage leurs instruments de musique.

VIII.

BANDES INSTRUMENTALES.

Autre chose est le faste instrumental d'une cérémonie publique. Tout l'appareil y passait, depuis les engins sonores les plus doux jusqu'aux plus bruyants.

Il y a encore le déploiement indispensable de la musique militaire. Le son des instruments influe puissamment sur le caractère et la disposition d'une armée. Le pas est stimulé au moyen d'un rhythme bien réglé. Le souvenir de la patrie est sans cesse rappellé par les hymnes nationaux. Enfin, l'armée entière s'élance aux sons stridents des trompettes, corroborées par les tambours et les cimbales. Symphonie grandiose!

La sonnerie des trompettes, en Néerlande, est vantée partout pour son exceptionnelle beauté. « Elles sonnoient en bon art et mode, » lit-on dans une chronique rédigée par un témoin affidé. Ces simples mots annoncent une organisation fondée sur les principes rigoureux de la musique instrumentale et confiée à des maîtres d'une science pratique excellente et sûre. Ils révèlent, de plus, toute une école où se façonnaient des élèves choisis avec discernement et destinés à développer et à perpétuer, dans le pays, un art délicat et difficile.

La vieille sonnerie flamande éveillait déjà, selon Froissart, l'admiration générale au XIVe siècle. Un règlement relatif à son organisation, fut formulé sous Charles le Téméraire. Il émanait de l'histórein du règne de ce souverain : j'ai nommé Olivier de La Marche.

Après ces deux exemples, sera-t-il encore permis d'envisager la musique de ces temps là, comme de simples agglomérations tapageuses, imposantes par le nombre, intéressantes par la diversité des organes ?

La plupart des virtuoses allaient apprendre, à une école spécialement créée pour cela, les airs nationaux, pour les formuler ensuite, avec toute la netteté voulue, dans les ensembles. Signalons-en une notamment dès 1436. S'il y avait eu confusion, comment détacher de cet amas incolore, une ligne, un dessin, un accent? Le dessin c'est la mélodie, et un motif populaire dominait tout l'ensemble instrumental.

Leur habileté devint si grande, qu'ils parvinrent à jouer avec un charme émouvant le thème patriotique détaché de la masse; comme par exemple, en 1495, à Bruxelles, où les trompettes communales retentirent avec une telle netteté précise, Philippe le Beau présent, qu'il semblait qu'il n'y eût eu qu'une voix sonnante en ligne.

Les chroniques rapportent complaisamment des faits nombreux relatifs à ces chansons ainsi entonnées. Les fanfares du seigneur de Gruuthuuse, en traversant les Flandres, y eurent, en 1461, un succès retentissant.

Un premier exemple pris aux annales se rapportant au règne de Charles-Quint :

A la grosse joûte, organisée, en 1517, en l'honneur de Charles, les trompettes de ce monarque firent merveille, jointes, il est vrai, à celles de Castille, d'Aragon et de Naples, en tout au nombre de quarante instruments. L'air retentissait de si émotionnantes harmonies, que « l'on n'eult point oij Dieu tonner, » dit, à ce sujet, un chroniqueur sans cesse occupé à noter le tout, durant le voyage du jeune souverain.

Elles annonçaient d'abord l'entrée de chaque cavalier dans la lice ;

elles vibraient ensuite, à chaque coup extraordinaire de lance ou d'épée. Enfin, le nom du vainqueur fut entonné à grands renforts de trompettes et de clairons.

Et la bataille de Pavie, si pittoresquement décrite par Jannequin ? Si réellement cette composition vise ledit évènement le maître aura dû recevoir de l'heureux triomphateur des faveurs signalées. Au contraire, si elle se rapporte à la journée de Marignan, on devine les anathèmes qui ont dû pleuvoir sur la tête du savant ordonnateur de cette ingénieuse trame descriptive.

Les avis restent fort partagés là-dessus, et il serait désirable que le mystère fût éclairci un jour.

Brillante aussi l'entrée officielle de Charles à Séville, en 1526. Sa fiancée Isabelle de Portugal l'accompagnait. Le nombre de timbres vibrants dut être considérable, à en juger par l'enthousiasme que provoquent les historiens *de auditu*.

Là où, je crois, elle atteignit à l'apogée, fut l'expédition de Tunis. Nombreuses furent, on le conçoit, les trompettes ouvrant la marche. Harmonieuses et aguerries furent-elles aussi, comme, du reste, tous les instruments qui concoururent à l'effet voulu, avec un ensemble, une justesse et une *furia* qui ont été particulièrement remarqués par les témoins de cette merveilleuse campagne (1) :

« Se oyrent largement trompettes, clayrons, hautboix, tambourins et aultres instrumens, » constate l'un d'eux.

Le nombre des trompettes, porté d'abord au chiffre consacré de dix, fut doublé vers 1540.

On saura qu'il existait des subdivisions d'accords pour ces instruments, et que la partie aigüe était la plus estimée et la plus populaire.

(1) *Charles-Quint devant Tunis*, tel est le titre d'un opéra allemand en trois actes, musique de Charles Stœppler, représenté avec succès sur le théâtre de Brunswick, au mois de décembre 1847. Cette fois, c'est Charles qui est *musiqué*.

Il y avait encore, dans leur fusion, les clairons d'une sonorité plus mâle, et les saquebutes, servant de basses et de renforcement. Le titre de « mélodieux » leur est appliqué.

Les hautbois et leur famille s'ajoutaient à ces mixtures comme renforcement aigu.

Enfin, les tambourins accentuaient leur rôle de régler le pas, au moyen d'un rhythme brutal, mais utile et indispensable.

Grâce à l'intervention d'un souverain éclairé et soucieux de sa réputation musicale, et, de plus, attentif à tout ce qui pouvait contribuer à maintenir au premier rang la musique officielle, on n'eut point de peine à se mettre, en cela, hors de pair, et à proclamer le nom d'un vrai dilettante de génie.

Quand il vint à se séparer de ses vieux et fidèles ménestrels, non sans regrets, on le devine, il ne manqua pas de prendre à leur égard des dispositions toutes particulières. Citons simplement les noms de Dubois et de Macroix, qui reçurent une large pension de retraite.

Philippe II reprit à son service les autres, au nombre d'une quinzaine, sans les instruments concordants. On peut les voir, affublés de leur pittoresque costume, dans la gravure du *Cortège funèbre de Charles-Quint*, en 1559, dont une phototypie a été donnée au VIIIe volume de *la Musique aux Pays-Bas*.

IX.

TROIS CHAPELLES SOUVERAINES.

Trois, et pas une de trop : une ou deux en moins peut-être.

C'est à Charles que ces établissements durent leur splendeur et leur réputation.

N'en avait-il pas le goût, l'esprit et les moyens d'entretien ? Un vrai potentat dont le sceptre était à Madrid, à Vienne et à Bruxelles.

La plus importante chapelle, celle qui porta le plus vivement l'empreinte du maître, s'organisa à Madrid. Il en rédigea les intéressantes constitutions, y porta ses soins incessants, et en devint le protagoniste par excellence.

Sans doute l'apogée de magnificence qu'avait atteint l'art musical aux Pays-Bas, secondait merveilleusement ces élans et ces appuis. Mais si les mêmes circonstances de prospérité pouvaient ailleurs être utilisées, l'on ne sut point, à un degré pareil, du moins, en profiter.

Sachez que cet auxiliaire prédestiné se présentait, à toute heure pour ainsi dire ; les registres officiels sont là pour l'attester.

La chapelle de Vienne, stagnante en quelque sorte auparavant, reprit, sous l'intervention de Charles, une nouvelle vie. Puis, il la passa, comme on sait, à son frère Ferdinand, non sans continuer à porter son attention particulière sur elle, quant au choix des maîtres à y placer.

Pour l'institution de Bruxelles, de moindre envergure, elle servit en quelque sorte de pépinière à leurs deux supérieures, sans compter naturellement les ressources innombrables de nos cathédrales, abbayes et églises de tout genre.

Avec la chapelle de La Haye et celle de Naples, on atteint quasi à la demi-douzaine.

On sait que Charles de Lannoy fut nommé, en 1521, vice-roi de Naples. Un certain Hellin De la Croix, chantre originaire de Lille, reçut la mission de recruter, aux Pays-Bas, divers musiciens pour le service du nouvel établissement.

Arrivé au point culminant de sa gloire, il eut l'insigne satisfaction de pouvoir se dire le souverain politique et musical de l'Europe.

A Bologne, eut lieu, en 1530, la rencontre de Léon X, de François I[r] et de Charles-Quint, ce dernier entouré d'une magnificence qui fit pâlir les incroyables apprêts de ses collègues en pouvoir absolu.

On exécuta, à la cathédrale de Bologne, sous la direction du renommé maître Nicolas Gombert, les meilleures œuvres dues à son génie. L'effet en fut éblouissant. Ce n'était qu'un épisode de la fête dite *du Couronnement*.

Charles, le meilleur élève de Bredemers, y entonna, d'une voix exercée et vivement timbrée, l'évangile en plain-chant de saint Mathieu.

Puis, on déroula ailleurs — pour mêler le comique au grave — une pièce scénique : *Les deux monarques*, où le rôle de l'empereur était ingénieusement caractérisé. Séance mémorable !

1535. A Tunis. Une partie de la chapelle impériale y suivit le souverain et y éveilla l'admiration.

1538. A Nice. Nouvelle rencontre des rivaux couronnés, cette fois avec Paul III. Il n'en transpira que ce seul fait d'un musicien renommé opinant que la chapelle papale, jouissant pourtant d'une grande renommée, était mal composée. Évidemment les musiciens impériaux n'auront point dû baisser pavillon devant ceux que François Ir amena [1].

Même année. A Aigues-mortes. Lutte des deux chapelles impériale et royale, où la première l'emporta, dans le jugement des spécialistes qui en furent témoins.

1548. A Augsbourg. Un personnage, digne de foi, raconte qu'il « se trouva debout près de la table de l'empereur, et que sa chapelle, durant le festin organisé en son honneur, chanta avec un grand art.

La liste des maîtres réputés que Charles encouragea et utilisa est considérable.

Une voix autorisée, celle de l'ambassadeur italien Marino Cavallo, formule une appréciation qui ne saurait être omise ici :

« Les chantres de Charles-Quint sont au nombre de quarante. Ils forment une chapelle qui est la plus complète et la meilleure de la chrétienté. Elle a été recrutée aux Pays-Bas, devenus aujourd'hui la source de la musique. »

On peut s'en tenir rigoureusement à ce seul témoignage.

L'auguste dilettante porta ses soins à d'autres objets relatifs à son art favori. Il s'étudia notamment à utiliser, concuremment avec la transmission orale, la transmission écrite.

Il eut des calligraphes musicaux d'un ordre supérieur, et les combla de dons et de faveurs. Il fit ainsi transcrire et enluminer les plus remarquables compositions existantes, celles notamment qu'il préférait avant toutes autres. Citons simplement les œuvres de Pierre De la Rue, conservées précieusement à Bruxelles et à Malines.

(1) Les chapelles rivales étaient composées, en partie, d'artistes originaires de la Néerlande. Charles eut la chance de mieux choisir ou de dresser plus habilement ses sujets, lorsque, tout jeunes encore, ils annonçaient un sérieux talent. Voilà tout.

Et quant l'impression à notes mobiles en vogue, il l'encouragea à tel point que l'Espagne et les Pays-Bas purent se mettre hardiment en ligne avec les contrées les plus avancées dans cet art.

On ne saurait enfin, déployer, en matière musicale, une plus grande somme d'intelligence et de dévouement.

X.

DISSONANCE.

Que de sourds à longues oreilles, qui ne savent ou ne veulent comprendre que tout art nouveau offusque ou effraie, et qui attendent, pour se rendre à l'évidence, que les gros bataillons aient parlé !

On sait, dit Castil-Blaze, qu'à l'entrée de Charles-Quint à Cambrai, cet empereur fut salué par les accords d'un orgue de chats. Les Gantois firent mieux encore : les touches de leur clavier *sui generis* pinçaient et piquaient vivement les queues de trente-neuf cochons diatoniques.

Où l'écrivain a-t-il pris cela? C'est, en définitive, Philippe II qui eut la primeur de spectacle incroyable (1). Quant au second — une satire ou une drôlerie, — le bourgeois de Gand à l'oreille chatouilleuse n'aurait pu assister à une exhibition aussi grossière, sans que sa colère n'eût éclaté séance tenante. Tous les historiens d'ailleurs en eussent parlé.

Mais, ici encore, le spritucl mais trop léger narrateur se trompe d'adresse : c'est Louis XI, grand amateur de singularités puériles et grotesques à la fois, qui demanda, un jour, à l'abbé de Baignes, homme fertile en inventions et le chef de sa musique, un concert qui

(1) Il est raconté un peu partout, et le dessin en a été publié diverses fois.

fût exécuté par des pourceaux. Il croyait, grâce cette drôlerie grotesque, mettre l'abbé à quia. Il l'entreprit cependant à l'entière satisfaction du souverain.

Voilà ce que Dreux du Radier raconte, dans ses *Tablettes anecdotiques*. Soit. Mais voici Opmeere qui prétend que l'orgue des pourceaux revient à l'imaginative de Louis X. Soit encore!

Serait-ce décidément dans ce fait, vivement contesté, que gît la dissonance ? La bibliothèque du Vatican renfermait, du temps de Saint-Grégoire, une riche série de missels, bréviaires, graduels, etc., devenus la proie des flammes, lors du sac de Rome par les soldats de Charles-Quint, que commandait le duc de Bourbon ?

On attend encore aujourd'hui la preuve concluante de l'existence de ces précieux manuscrits... et de leur sauvage destruction.

Il ne manquait vraiment plus que d'accuser le mélomane distingué qui fait l'objet de cette notice, de s'être opposé à la réédification des Académies provençales, pour lesquelles Juan de Rapier fit vainement un appel à la nation entière, ce qui l'induisit, en 1537, à jeter les bases de son établissement, sorte de conservatoire destiné à être le berceau de la musique à Naples.

Rien encore de tout cela.

Notre musicien éclairé, qui a dû connaître et pratiquer ce vers :

Boese Menschen haben keine Lieder ;

qui jouait de cinq instruments ; qui a élevé les établissements les plus considérables à la musique ; qui composait ; qui puisait ses consolations intimes dans cet art « Charles-Quint (Philippe le Beau d'abord) a gâté la musique espagnole. »

Faut-il réfuter ces imputations gratuites, pour ne pas dire impertinentes ?

Aux arguments que Mariano Soriano Fuertes, auteur d'une faible *Histoire de la musique espagnole*, invoque pour donner une apparence de vérité à ses déclamations inqualifiables, il ajoute ces lignes imprégnées de tristesse : « Le patriotisme a, de nos jours, perdu en Espagne sa noble signification. »

Qu'est-ce à dire ? Le meilleur patriotisme est celui qui ne déguise point la vérité. Or, l'écrivain ne prouve absolument rien. Trois maigres lignes « historiques » consacrées à l'art flamand, puis c'est tout. Un peu de bon sens, s'il vous plaît. Si nos braves Flamands ont édifié, dans l'Europe entière, des monuments de leur génie musical, comment ont-ils pu provoquer la ruine de l'art musical en Espagne ? La vérité qu'il a voulu confisquer, dans un but de localisme étroit, luit partout maintenant. On n'a qu'à laisser parler les faits.

« En se coordonnant d'eux-mêmes dis-je ailleurs, il en résultera, ceci : la Néerlande s'est brillamment illustrée musicalement partout sur le sol ibérique. L'Espagne musicale, de son côté, a gardé concurremment une part assez belle, assez glorieuse, pour éveiller bien des envies. Il ne lui a pas fallu l'abaissement du génie flamand, pour relever le sien propre (1). »

Ici l'outrecuidance de Soriano Fuertes dépasse toute limite : « Les Flamands ont appris leur art des Espagnols ! »

Hélas ! la belle musique espagnole date seulement de la seconde moitié du XVIe siècle et de la première moitié du siècle suivant. Or, les Flamands ont dominé musicalement, au delà des Pyrénées, à partir du voyage de Philippe le Beau et durant tout le règne de Charles-Quint.

De l'aveu même des Espagnols bien avisés, ces interventions furent pour eux une révélation. Un *summum* fut réalisé, lorsque les chapelles ibérique et néerlandaise coëxistèrent sans se nuire, toutes deux affirmant leur individualité.

---

(1) *Musique aux Pays-Bas*, t. VII, p. 191.

XI.

EN RETRAITE.

L'*Ultima ratio !*

A la naissance de Charles, les cloches gantoises sonnèrent à toute volée. Un futur empereur !

A son entrée à Yuste, un simple tintement, presque un glas funèbre retentit. Un futur moine ! *Dignus intrare.*

Que de fois il a dû mettre une sourdine à sa politique ! A quoi bon ce tempérament d'un jour, d'une heure?

Un général romain déposa leglaive pour prendre la charrue. Charles, subjugué par les charmes d'un doux mysticisme, renonça à son sceptre pour suivre autant que possible la vie monacale.

La Musique encore versera d'abondantes consolations sur les plaies morales non cicatrisées.

L'arrivée du prince fut marquée par une réorganisation de tout le personnel des chantres au chœur. Comme on le connait là !

Aux voix éraillées, par exemple, il en substitua d'autres, fraîches et disposes, venant des meilleurs couvents d'hiéronymites de la péninsule.

Outre cela, il modifia le répertoire des exécutions officielles, en y introduisant des compositions écloses au pays natal, prises naturellement parmi les meilleures qu'il eût entendues là-bas,

Enfin, à un glacial plain-chant, on allait substituer, de temps en temps, une sorte de concert religieux en musique nombrée, organisé dans les conditions les plus favorables possible.

Jugez de son impatience à réentendre des motets dus à des maîtres flamands ! Continuellement des courriers s'entrecroisaient pour hâter la venue des musiques néerlandaises.

Après cet échange interminable, un trait de lumière apparaît : les cahiers convoités sont en route !

On eût dit que les éléments se mirent de la partie, pour retarder un envoi qui allait mettre sans dessus dessous tout le chœur stéréotypé de Yuste.

Une tempête, nouveau présage mystérieux, éclata sur le navire qui convoyait la caisse aux partitions.

Eurêka! la voilà enfin à destination !

Vous devinez facilement la tyrannie qu'il exerça sur ces pauvres moines. Après les avoir fait répéter mordicus leur partie respective, le ci-devant aspirant à la domination universelle censurait leur intonation, leur accentuation, leur style. Il allait, on le sait, jusqu'à se placer sournoisement à une porte entrebaillée pour surprendre leurs lapsus.

Lui-même se démenait vivement et se complaisait à mêler sa voix à celles des chantres du chœur.

Que dis-je? Il finit par s'en prendre aux compositeurs eux-mêmes — ceux, j'entends, qui étaient étrangers à la Néerlande — et à signaler dans leurs œuvres, consacrées par des exécutions applaudies, des réminiscences nombreuses et signalées.

Ce que dit, à ce sujet Ambros, est de tous points judicieux :

« Comme, à cette époque, bien des phrases et des tournures constituaient une propriété commune, on aurait pu appliquer la même remarque à beaucoup d'autres compositions. Mais, il était naturel que les chantres de Yuste se fissent un devoir d'admirer la chasse impériale aux reminiscences et de l'envisager comme la marque d'une profonde pénétration (1). »

Le monarque aura-t-il fait naître l'occasion d'une entrevue avec Guerrero? Fray Andrez, chantre du chœur, était de la patrie du grand musicien. La conversation aura roulé plus d'une fois sur l'individualité la plus marquante du jour. Un désir aura été un ordre pour lui, qui, ne mesurant pas l'espace à parcourir, se sera mis en route « par monts et par vaux, » pour s'entretenir avec Charles-Quint.

Que se passa-t-il, au fond, entre le souverain règnant de la musique et le souverain abdiqué de la politique?

A Simancas, j'ai trouvé, à la date de 1561, la mention d'une gratification accordée à Guerrero, pour « certains services. » Est-ce une suite de l'entrevue de Yuste, demandé-je ailleurs? Le voyage du maître fut long et pénible; il avait fait don de ses œuvres. Puis — on rencontrera le fait plus loin — il retoucha certains motets du monarque retraité.

Une gracieuseté pour un cadeau reçu n'implique, ce me semble, aucun mystère. L'aveu d'une collaboration à ses essais de composition, est autre chose. *Certains* services! Il y a de la marge, pour les conjectures.

Grand amateur de mécaniques, Charles avait eu, durant les premières années de son règne, un horloger de Besançon, Jean Duchemin, avec lequel il s'était livré à des travaux automatiques.

Lorsqu'il renonça au monde, il emmena un horloger, Jean Valon, qui lui servit de domestique, et un mathématicien padouan, entrêmement habile, Gianello Toriano, qui prétendit ne point se séparer de son maître.

Célèbre pour ses travaux de mécanique et d'hydraulique, cet artiste, livré à lui-même, apporta de notables perfectionnements à la

(1) *Geschichte der Musik*, etc., t. III, p. 575.

construction des *titeros*, nom qu'on donnait en Espagne aux marionnettes.

Jugez du plaisir qu'il éprouva en la compagnie d'un tel esprit inventif, lui qui dut, plus d'une fois, souffrir *in petto*, de la monotonie de sa demi-sépulture !

Ce n'étaient point des horloges aux cent roues — plus aisément gouvernées que celles de la fortune, dit Strada — qu'il se plaisait, en définitive, à voir manœuvrer devant lui ; c'étaient bel et bien des figures minuscules de chevaux et d'hommes armés qui le charmaient, et pour lesquelles l'archimède de ces temps-là étala, aux yeux éblouis de son *padrone*, de vraies merveilles d'ingéniosité.

Parmi ces figurines, les unes battaient le tambour, d'autres sonnaient le clairon. Étranges réminiscenses ! Les moines, qui n'y voyaient que du feu, crièrent à la magie. Il y avait encore un groupe attrayant de jeunes filles, en costume du pays, qui exécutaient des danses, guidées par le tambourin.

Dans son enfance, Charles a dû voir, chez sa tante Marguerite, une horloge en fer, avec un mécanisme faisant vibrer l'heure par deux *vernetes*.

A-t-on, grâce au génie de Toriano, réellement du neuf ? Il me souvient, par exemple, d'un arbre d'or, façonné sous l'empereur Théodore, et sur lequel quantité d'oiseaux du même métal formaient un concert délicieux.

Pendant son séjour à Audenaerde, en 1521, le jeune empereur, on se le rappelle, aura vu manœuvrer, dans la tour du vieux beffroi communal, trois automates : Adam et Ève, frappant l'heure, et le serpent descendant tortueusement de l'Arbre mystique pour se joindre au concert de la sonnerie.

On sait que mon héros avait une orguette à sa disposition, partout où il se rendait. On prétend que celle qui l'accompagna en Tunisie le suivit à Yuste.

A en croire Gachard et Henne, Charles emmena en sa retraite divers instruments, par malheur, indénommés. Ce qui est indéniable, c'est qu'il fit expédier, pour sa chapelle particulière, plusieurs polycordes à clavier dont il se sera servi également à titre de délassement.

Un inventaire stipule notamment un clavicorde et une orguette. Le document est de 1502. Rien de plus. Il légua, d'autre part, dans son testament, un orgue garni de perles et d'autres matières précieuses qui servirent — à Yuste ? — à ses distractions intimes.

Bientôt, selon toute apparence, mû par un fanatisme austère qui lui aura fait prendre en dégoût la moindre distraction, les a-t-il fait éloigner de ses regards, pour s'assujétir le plus étroitement possible à la vie rigoureuse du couvent.

Quant aux violes de tout genre et aux flûtes de toute dimension, dont il fit usage dans ses jeunes années, si elles n'ont pas été reléguées aux oubliettes bien avant son renoncement au monde, il les aura, à coup sûr, jugées trop mondaines, pour les oser introduire dans le sanctuaire de la paix.

La plupart de ces instruments servaient d'ailleurs aux chansons et aux danses.

XII.

CHANT DU CYGNE.

Lorsque la musique consistait simplement dans des prières, des chants liturgiques, des chansons populaires, exécutés à l'unisson, à quoi attribuer les transformations que subit successivement l'art musical sinon à l'orgue, introduit, parmi nous, au VIIIe siècle ?

C'est au clavier, à ce mécanisme ingénieux qui place sous la main d'un seul exécutant toutes les ressources des voix en chœur, et plus tard toutes les ressources des instruments en orchestre, c'est au clavier qu'on doit les premiers essais d'harmonie.

« L'organiste commença par accompagner le plain-chant à l'unisson, dit un musicologue autorisé ; puis, la possibilité de jouer à la fois deux notes sur le clavier donna lieu à des combinaisons, très simples et très défectueuses d'abord, mais peu à peu rectifiées, et qui n'étaient que les préludes timides de cette science si profonde qu'on appela plus tard le *contrepoint*.

» L'organiste se hasarda à *discanter*, c'est-à-dire à jouer à deux parties, puis à trois, puis à quatre ; delà tous les contrepoints à deux, à trois, à quatre parties et à double chœur. »

Le contrepoint *da mente* apporta aussi son tribut, notamment pour les accords artificiels du chant.

Durant trois siècles environ, ces subtilités allèrent leur train, le difficile devenant l'idéal des maîtres, et leur code se formulant en théories mathématiques.

L'impression à caractères mobiles simplifia la notation et popularisa les œuvres sérieuses. Cette notation ne tarda pas à se rapprocher de celle qui prévaut encore aujourd'hui, la forme losange ou carrée en différence.

A l'aide de ce procédé de vulgarisation, la musique de tout genre se répandit partout. Les spécialités de chaque pays se révélèrent promptement.

Sans nul doute, Charles aura commencé par formuler des accords d'instinct sur les touches d'une épinette ou d'un orgue ; puis, renseigné par son professeur, il aura réussi à régler des harmonies selon les traditions usitées.

Son commerce incessant avec les grandes individualités de sa chapelle particulière, aura élargi le cercle où il se mouvait. Puis, autant que le tracas des affaires le lui permettrait, il se sera appliqué plus d'une fois à construire des motets et des chansons à plusieurs parties, jusqu'à ce qu'enfin la complication des choses politiques et administratives l'aura détaché de bon de ses chères distractions.

En définitive, avant son abdication solennelle, avait-il eu réellement l'occasion de s'adonner, avec toute l'attention soutenue que réclamait l'art sérieux, à la pratique de la composition ?

Improviser, à toute venue, une ariette, au sortir de la table, sur un clavier quelconque, rien que de naturel ; y ajouter même en l'improvisant, un accompagnement approprié, cela se conçoit sans peine.

Mais, s'atteler à une lourde tâche comme celle de faire mouvoir les quatre parties d'une œuvre classique d'alors, ce n'est point, au milieu des agitations morales et physiques qu'une tâche en ce genre eût pu s'accomplir.

L'idée pourra lui être venue de coucher sur le papier des motifs, des souvenirs, des aspirations. Et puis, elles seront restées à l'état de projet pur et et simple.

L'œuvre dont il va être question, n'est peut-être qu'un croquis de son règne devenu un tableau de son abdication. Dans un asile de paix, comme celui de Yuste, loin du fracas du monde et des embarras d'une administration compliquée, sa nature rêveuse aura pris le dessus, favorisée par un silence obstiné, et l'éclosion sentimentale d'une hymne ou d'un motet se sera faite de la façon la plus aisée.

Et, comme alors que précédemment, il aura pu douter de lui-même, pour l'harmonisation normale de son œuvre, il se sera aidé de l'approbation d'un artiste de renom, pour l'exhiber aux moines du couvent, artistes eux aussi bien qu'humbles chantres au chœur.

Le nom de ce maître se dessine de lui-même : Guerrero. Il est acquis à l'histoire — on l'a déjà constaté — qu'il manda cet éminent compositeur à Yuste. Les archives révélatrices s'arrêtent à ce simple fait.

Une incise mystérieuse pourtant est grosse d'informations. Un article de compte, enregistrant ce voyage de Guerrero, ajoute : « pour certains services... »

On énumère, comme motifs de paiement, des cadeaux reçus, des tournées lointaines accomplies, etc. Mais, je le répète, on n'avoue point volontiers, comme c'est le cas vraisemblablement ici, des corrections faites à une production musicale émanée d'un personnage qui passait volontiers pour un musicien accompli et qui le faisait sentir, à tout instant, aux pauvres moines de son ermitage.

Cela posé, il existe des traditions très incrustées dans la mémoire des espagnols, et qui veulent que le motet ci-après émane de celui qui dicta ses lois politiques au monde, et à qui les lois de l'harmonie musicale ne faisaient point défaut.

COMPOSITION
attribuée à CHARLES-QUINT.

Dans un pays où la manie des reliques est poussée à l'extrême, le moindre objet relatif à un monarque tel que Charles-Quint, a dû être, on le conçoit, l'objet d'un vraie passion commémorative. Des preuves démonstratives on n'en possède pas ; mais la tradition est respectable et s'impose en quelque sorte.

L'œuvrette, à titre de pure curiosité, mérite d'être mise sous les yeux du lecteur. Une composition de l'illustre enfant de Gand !

Elle appartint jadis à José Nebra, organiste de Louis Ier, lequel n'hésita pas à l'attribuer à l'impériale main. A son tour, l'auteur de l'*Historia de la musica española*, devenu le possesseur du fragment, le considéra comme tel, et en donna une reproduction dans son illisible compilation. Où existe-t-il maintenant ?

Je n'attendrai pour les éléments d'une filiation héréditaire authentique, pour adhérer à l'idée de mes préopinants et pour déclarer que la piècette émane d'un musicien non dénué d'expérience et versé dans la connaissance sérieuse du contrepoint, se revèle très ostensiblement.

Le style, envisagé sous le rapport historique, offre le caractère d'une époque bien déterminée : le XVIe siècle. On le dirait toutefois postérieur au règne du monarque (1).

Très curieux l'accord de 6/4, sur la fin de la deuxième accolade *hoMO*.

Puis, à la troisième accolade, sur la syllabe MI de *DoMInum*, marquée par une croix renversée, surgit un superbe accord de septième dominante ! Il y a là évidemment une faute d'impression, et ce SI de la partie supérieure doit être, sans le moindre doute, un UT.

Jugez-en :

(1) *Musique aux Pays-Bas*, t. VII, p. 376 et 377.

Corrigez ainsi :

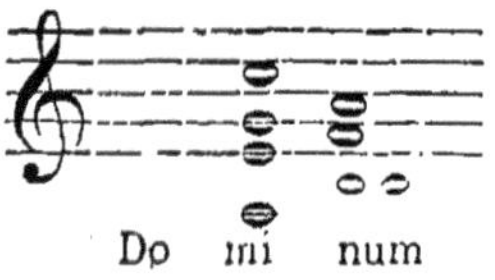

Il y a lieu ici — sans croire à l'infaillibilité impériale — de supposer une simple erreur de transmission, car Charles se sera, en tout cas, aidé d'un conseil qui n'aura laissé debout aucune irrégularité choquante.

Un musicographe facétieux, non dépourvu de bon sens ni de connaissances, caractérise, par d'ingénieux quolibets, les tâtonnements de l'art musical, en la première moitié du XVIe siècle, et avant d'en arriver à cet ensemble imposant de voix et d'instruments qui

> S'élance, tourbillonne,
> Étend son vol, éclate et tonne.

« La musique, dit-il, n'était d'abord qu'un plain-chant déguisé. Elle se mit en route à pied. Le génie de l'impulsion mouvementée la plaça dans un coche. Elle fend aujourd'hui l'air sur un wagon ! »

Charles-le-Quint frédonnant *Mille regrets*, offre le juste milieu entre la stagnante psalmodie et la symphonie tourbillonnante. Dans cette longue et pénible élaboration, la musique résista longtemps avant d'échanger son calme olympique contre les agitations fiévreuses du drame.

La dissonance musicale surgit à la fin d'un règne fatal — celui de Philippe II — où les bouleversements foisonnent.

Le nom de son père se serait attaché à la période d'accalmie tonale qu'il vit naître, quand bien même il n'aurait pas donné une obole ni fourni une note aux mélodieux concerts qui retentirent alors. Il les protégea à l'ombre de sa puissance. Un bon point à faire valoir.

Ce que c'est que de naître à propos !

TABLE DES MATIÈRES.

Pages.

I. Transmission héréditaire 9
II. Premières leçons. 14
III. Une vénérable figure 19
IV. Orgues et épinettes 23
V. Chansons et psalmodies 28
VI. Au concert et au bal. 36
VII. Ménestrels de palais 42
VIII. Bandes instrumentales 46
IX. Trois chapelles souveraines 50
X. Dissonance. 54
XI. En retraite 57
XII. Chant du cygne 62

PLANCHES.

Pages.

1. Charles-Quint surpris par des voleurs. 25
2. *Mille regrets.* Chanson favorite de Charles-Quint, mise à quatre parties, par Josquin de Deprès 32
3. *Mille regrets.* Chanson favorite de Charles-Quint, texte restitué avec accompagnement de vihuela de mano (1538) 33
4. Composition attribuée à Charles-Quint 65

www.ingramcontent.com/pod-product-compliance
Ingram Content Group UK Ltd.
Pitfield, Milton Keynes, MK11 3LW, UK
UKHW020206200726
13856UKWH00003B/1235